THE LAPINS CRÉTINS

15. CHAMPIONS DU MONDE !

SCÉNARIO : DAB'S
DESSIN : THOMAS PRIOU
COULEUR : MISTABLATTE

Glénat | UBISOFT

www.ubisoft.com

Éditions Glénat
Couvent Sainte-Cécile – 37 rue Servan – 38000 GRENOBLE
www.glenat.com

Dépôt Légal : novembre 2022
ISBN : 978-2-344-05232-7 / 001
Achevé d'imprimer en France en octobre 2022 par Pollina, 29066,
sur papier provenant de forêts gérées de manière durable.

PEFC 10-31-2065 / Certifié PEFC / pefc-france.org

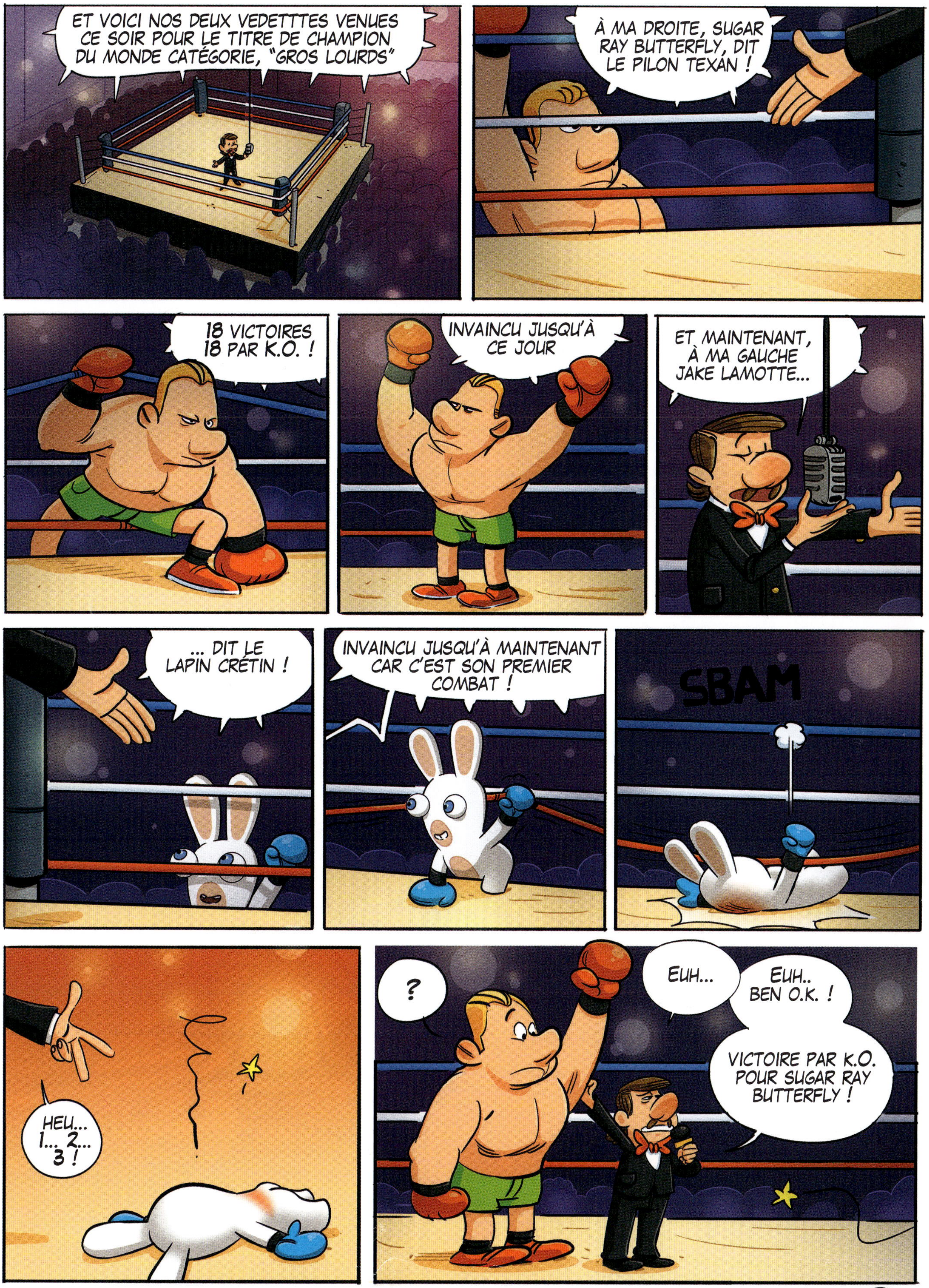
ET VOICI NOS DEUX VEDETTTES VENUES CE SOIR POUR LE TITRE DE CHAMPION DU MONDE CATÉGORIE, "GROS LOURDS"
À MA DROITE, SUGAR RAY BUTTERFLY, DIT LE PILON TEXAN !
18 VICTOIRES 18 PAR K.O. !
INVAINCU JUSQU'À CE JOUR
ET MAINTENANT, À MA GAUCHE JAKE LAMOTTE...
... DIT LE LAPIN CRÉTIN !
INVAINCU JUSQU'À MAINTENANT CAR C'EST SON PREMIER COMBAT !
SBAM
HEU... 1... 2... 3 !
?
EUH...
EUH.. BEN O.K. !
VICTOIRE PAR K.O. POUR SUGAR RAY BUTTERFLY !
DAB'S. Thomas

BWAH !
BWAH !
BWAH !
PFIOU
Zz
BWAH !
DAB'S.TH

ONGLES
SNOWSLIDE
SNOWSLIDE
GAMERS
SNOWSLIDE
SNOWSLIDE
ONGLES
SNOWSLIDE
SNOWSLIDE
GAMERS
SNOWSLIDE
SNOWSLIDE
ONGLES
SNOWSLIDE
SNOWSLIDE
GAMERS
SNOWSLIDE
DAB'S - Thomas

POC
SBLOoo
SBLOoo
PLAF
SBLO
SPLAF
DAB'S. Thomas

HOME GUEST
0 53
6
12
HOME GUEST
0 53
12
12
12
12
12
DAB'S. Thomas

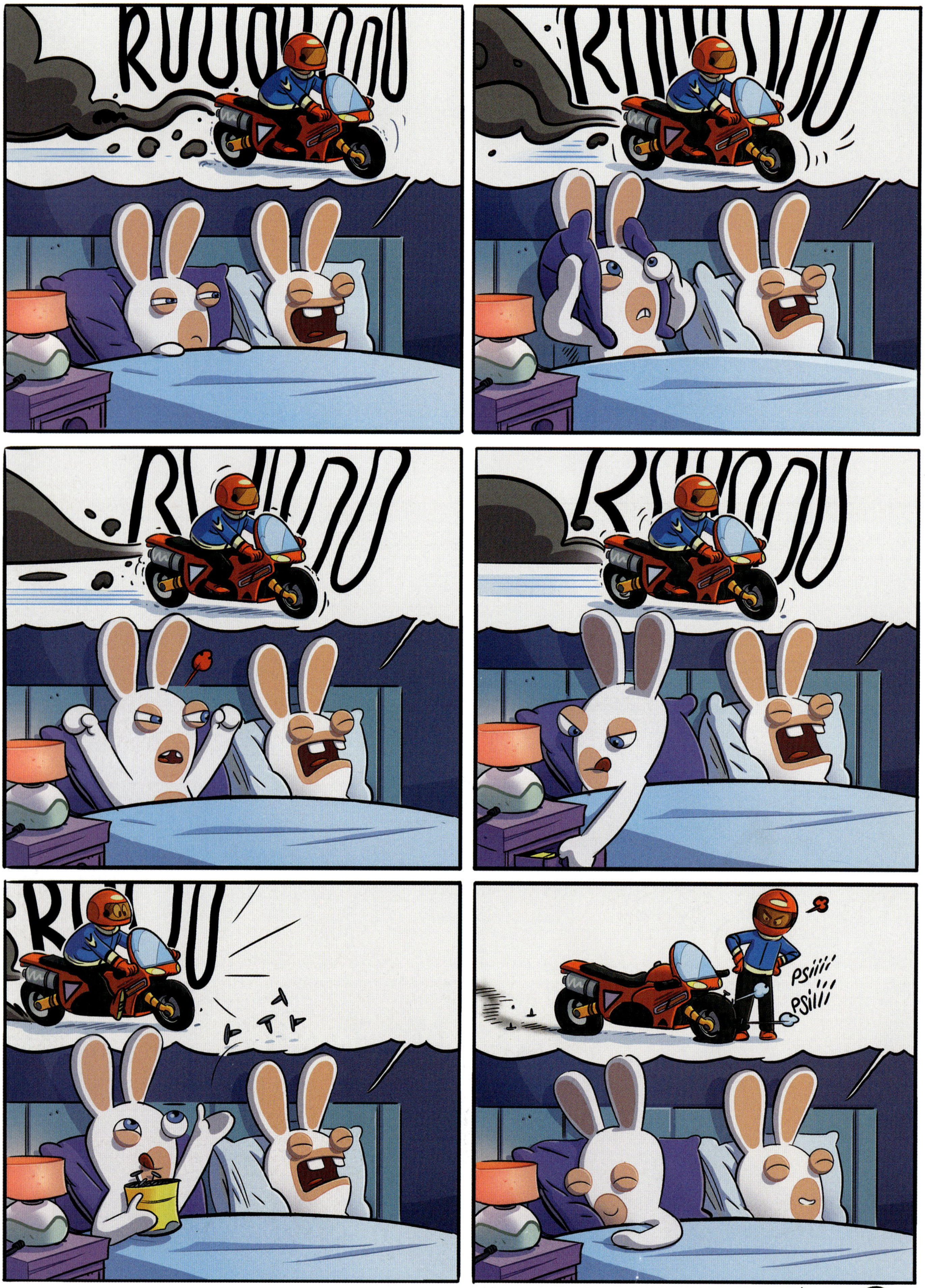

DAB'S . Thomas

DZOING
DZOING
DZOING
BWAH !
RATATATATA
TATATA
TCHAC
TCHAC
TCHAC
FRITERIE BWAH
DAB'S . Thomas

?
JOYEUX 15 ANS
LAPINS CRÊTINS
BWAH ?

BLUP
BLUP
BLUP

DAB'S. Thomas

GROSJAMBONS
2022
JUGE
POIDS
200
GNN
GNNN
DZiii
TAP TAP
DZiii
SBOM
DZiii
?
1
2
3
DAB'S.thO

LANCER DU POIDS
LAPIN : —— 1.00
1.20
LANCER DU POIDS
LAPIN : —— 1.00
1.20
SAUT EN HAUTEUR
ETIENNE BOUVIER
2'30
2'35
UT EN HAUTEUR
IENNE BOUVIER
2'30
2'35
T EN HAUTEUR
NNE BOUVIER
2'30
2'35
LAPIN
2'40
DAB'S.Thm

JE SUIS EN DIRECT DU STADE OÙ MICHEL, NOTRE CHAMPION, A ACCORDÉ UNE INTERVIEW EXCEPTIONNELLE À NOTRE CHAÎNE.
BONJOUR MICHEL... BZZZ - CLAC
BWAH !
BWAH !
BWAH BWAH !
CLIC CLIC
BWAH !
TAP TAP
TAP TAP TAP
EUH, MICHEL ? ÇA VA ? VOUS M'ENTENDEZ ?

DAB'S . Thomas

?
MAIS... C'EST JOJO QUI VEUT RECOUVRIR SON TONTON DE SABLE !
TU PEUX CONTINUER MAIS IL VA T'EN FALLOIR DES PELLETÉES AVANT D'Y ARRIVER !
HA HA HA ! SACRÉ JOJO !
TU T'ARRÊTES DÉJÀ?
IL VA FALLOIR BEAUCOUP PLUS DE SABLE SI TU VEUX QUE TONTON SOIT ENTIÈREMENT RECOUVERT !
BWAAAH !
DAB'S - Thomas

Aide ce Lapin Crétin qui est nul au basket, à marquer un panier !

Pour cela, il te faut :

Une bille

une paire de ciseaux

Ouvre l'album comme ceci.

Découpe suivant les pointillés.

Munis-toi de la bille et...

... Hop ! Panier ! Tu peux en faire plusieurs !

Essaye de ne pas faire trop de paniers quand même.

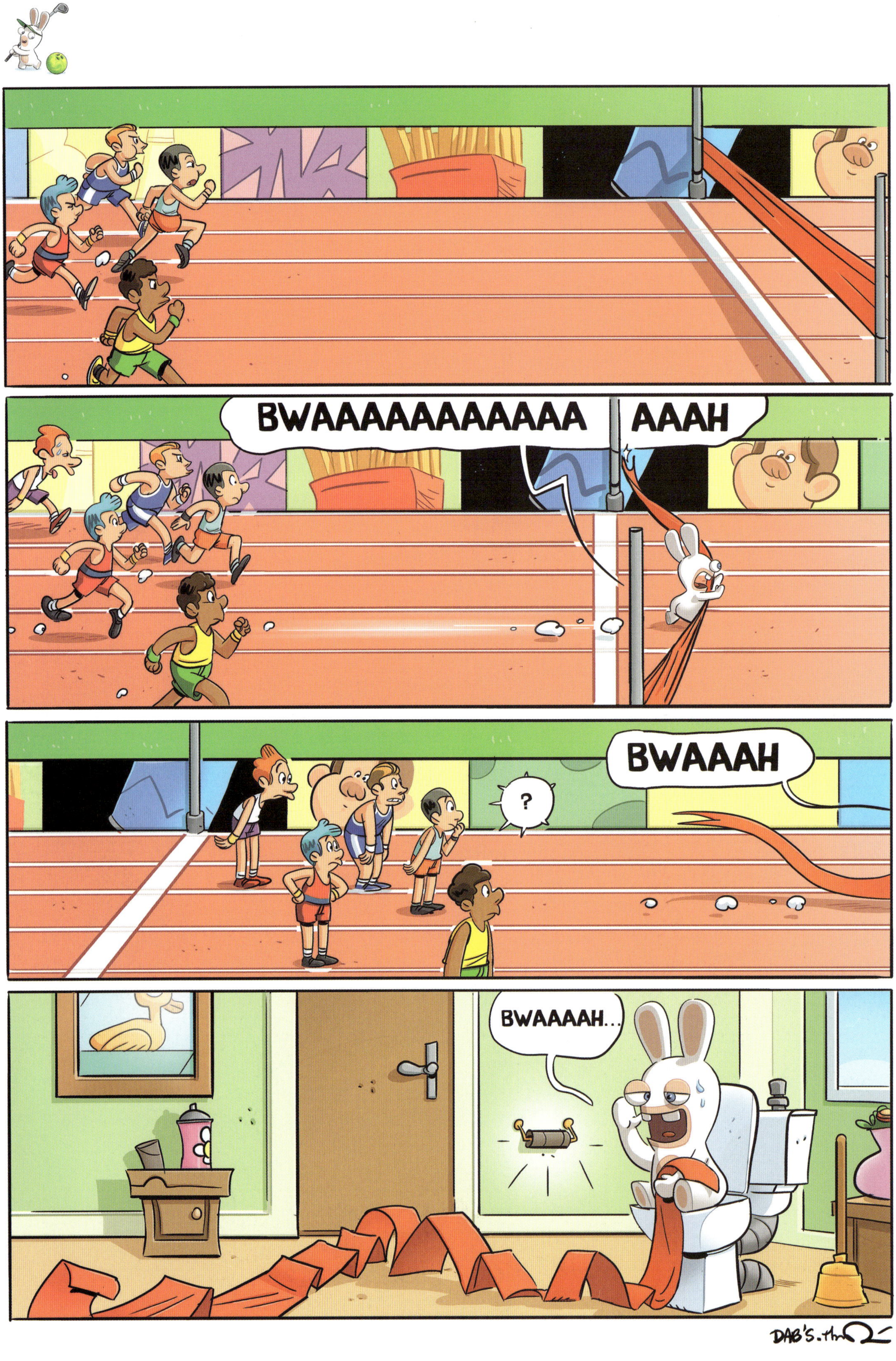
BWAAAAAAAAAAA
AAAH
?
BWAAAH
BWAAAAH...
DAB'S.

SPLAF

Z
Z
CLAP
CLAP
CLAP
CLAP
CLAP
CLAP
Z..
?
CLAP
CLAP
CLAP
CLAP
DAB'S

FOOT
TAP
TAP
TAP
TAP
TAP
TAP
TAP
TAP
BOWLING
DAB'S. Thomas

BOM
BROOOOOOOOOO
SOLDES
DAB'S. Thomas

WIP
4

?
?
GLUPS
KOF
KOF
KOF
KOF
KOF
KOF
KOF
!
DAB'S - Thomas

SPLAT
TAP
TAP
TAP

DAB'S. Thomas

DAB'S. Thomas

BWAH
BWAH
BWAH
BWAH
BWAH
BWAH !
FLOUSH
DAB'S. Thomas

DAB'S. Thomas

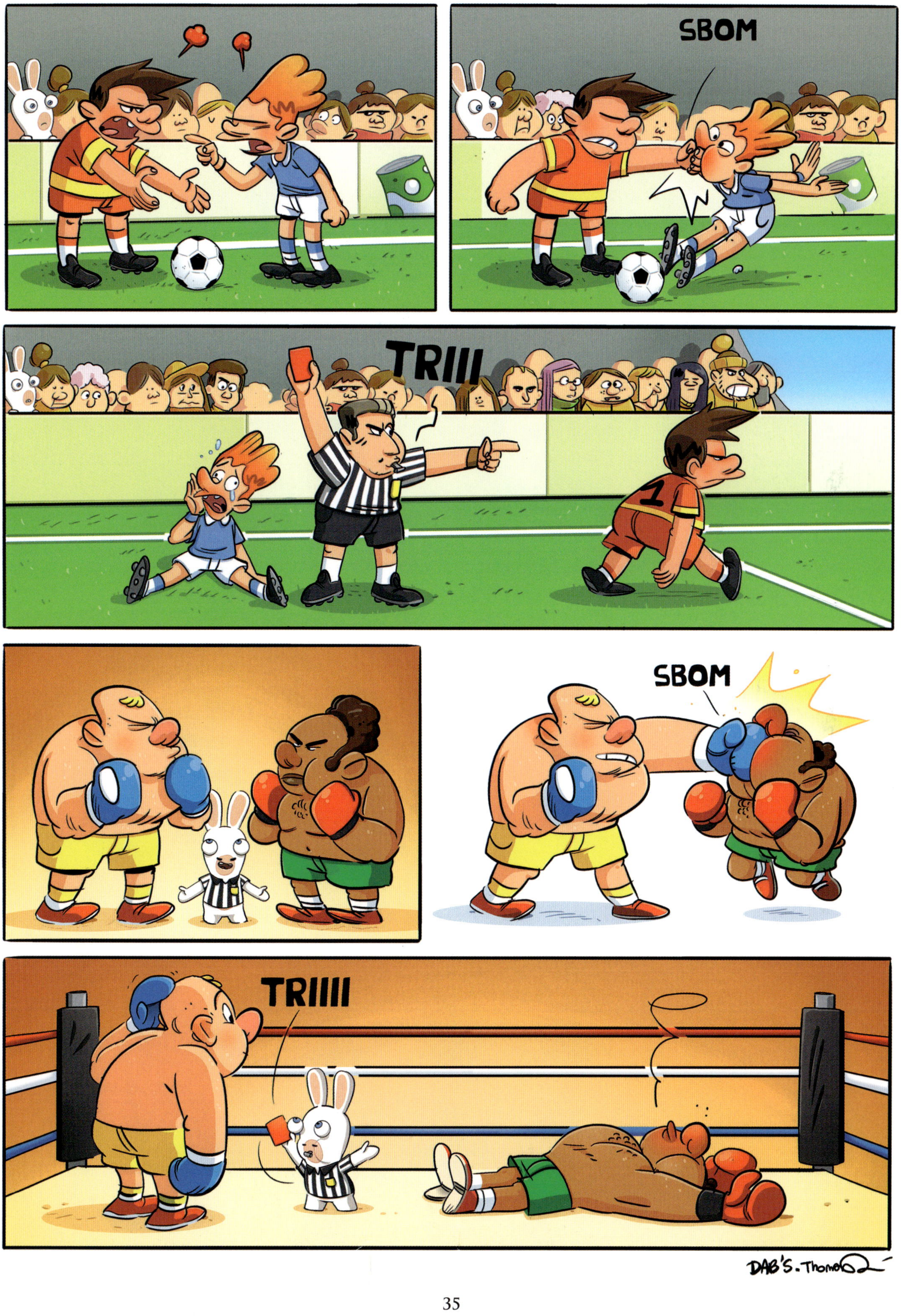
SBOM
TRIII
SBOM
TRIIII

DAB'S. Thomas

POC
ZZZ
ZZZZ
ZZZ
ZZZ
ZZZ
ZZZ
ZZZ
ZZZ
DAB'S. Thomas

BWAH !
?
PSHIIIT
PSHIIIT
PSHIIIT

SNAP

DAB'S. Thomas

TORDRE DES CUILLERES PAR LA FORCE DE SON CERVEAU
CROC
DAB'S. Thomas

GRAT
GRAT
GRAT
GRAT
GRAT
BWAAAH !
GRAT
GRAT
FROTTE
FROTTE
BOM
BWAAH...
GRAT
GRAT
B... ?
Fais une bonne action, aide ce pauvre Lapin à se gratter le dos avec ton doigt, mais pas trop fort !
BWAAAH !

TAP
TAP
TAP
AH BRAVO !!! ON AVAIT POURTANT DIT : "PAS TROP FORT"
BWAH ?
DAB'S. Thomas

DAB'S. Thomas

TAP
TAP TAP
TAP TAP
TAP TAP
TAP TAP
TAP
TAP TAP
TAP TAP
TAP
TAP TAP
TAP TAP
TAP
BWAH ?
DAB'S. Thomas

10
15
20
25
25
25
DAB'S. Thomas

ZIP

GLUPS